자연 다큐 백과

고대 이집트

자연 다큐 백과

고대 이집트

크리스핀 보이어, 제임스 앨런 지음 | 이한음 옮김 | 유성환 감수

NATIONAL GEOGRAPHIC KiDS

차례

고대 이집트에서 마트는
진리, 정의, 질서의 신이에요.

고대 이집트의 왕 파라오의 황금 왕좌예요.
투탕카멘의 무덤에 3000년 동안 고스란히
놓여 있었어요. 1922년에 발견되었답니다.

소개합니다!

'고대 이집트' 하면 무엇이 떠오르나요?

거대한 피라미드와 으스스한 미라지요. 고대 이집트는 약 3000년 동안 아프리카 북동부의 나일강 주변을 다스린 왕국이에요. 바로 지금의 이집트 지역이지요. 고대 이집트는 사라졌지만, 당시의 유적에 새겨진 문자는 2000년이 지난 오늘날까지 전해지고 있어요.

고대 이집트의 역사와 문화를 연구하는 학문을 '이집트학'이라고 불러요. 사람들은 고대 이집트를 오래전부터 연구해 왔지만, 많은 내용을 자서 히 밝혀내진 못했어요. 최근에야 새로운 과학 기술로 고대 이집트의 무덤을 연구하여 새로운 사실을 알게 되었지요. 당시 사람들이 어떻게 살았고, 죽음에 대해 어떻게 생각했는지 말이에요.

피라미드는 누가 왜 지었을까요? 소년 파라오 투탕카멘의 이야기가 궁금하지 않나요? 고대 이집트 사람들은 왜 고양이와 새, 심지어 사자까지 미라로 만들었을까요? 자, 이 책을 읽으면서 이집트의 비밀을 하나씩 풀어 봐요. 우리 모두 이집트학자가 되어 보는 거예요!

전문가 인터뷰

여러분, 반가워요! 나는 제임스 앨런이에요. 고대 이집트의 무덤과 신전에 있는 그림 문자를 연구하는 이집트학자지요. 고대 이집트의 유적과 그림 문자는 수천 년 전 이집트에서 무슨 일이 벌어졌는지 알려 준답니다. 아주 흥미롭지요!

고대 이집트는 황금이 풍부했어요.
파라오를 위한 조각품, 마스크, 보석,
가구 등을 황금으로 만들었지요.
이 보물들은 지금까지도 남아 있어요.

1

고대 이집트의 세계

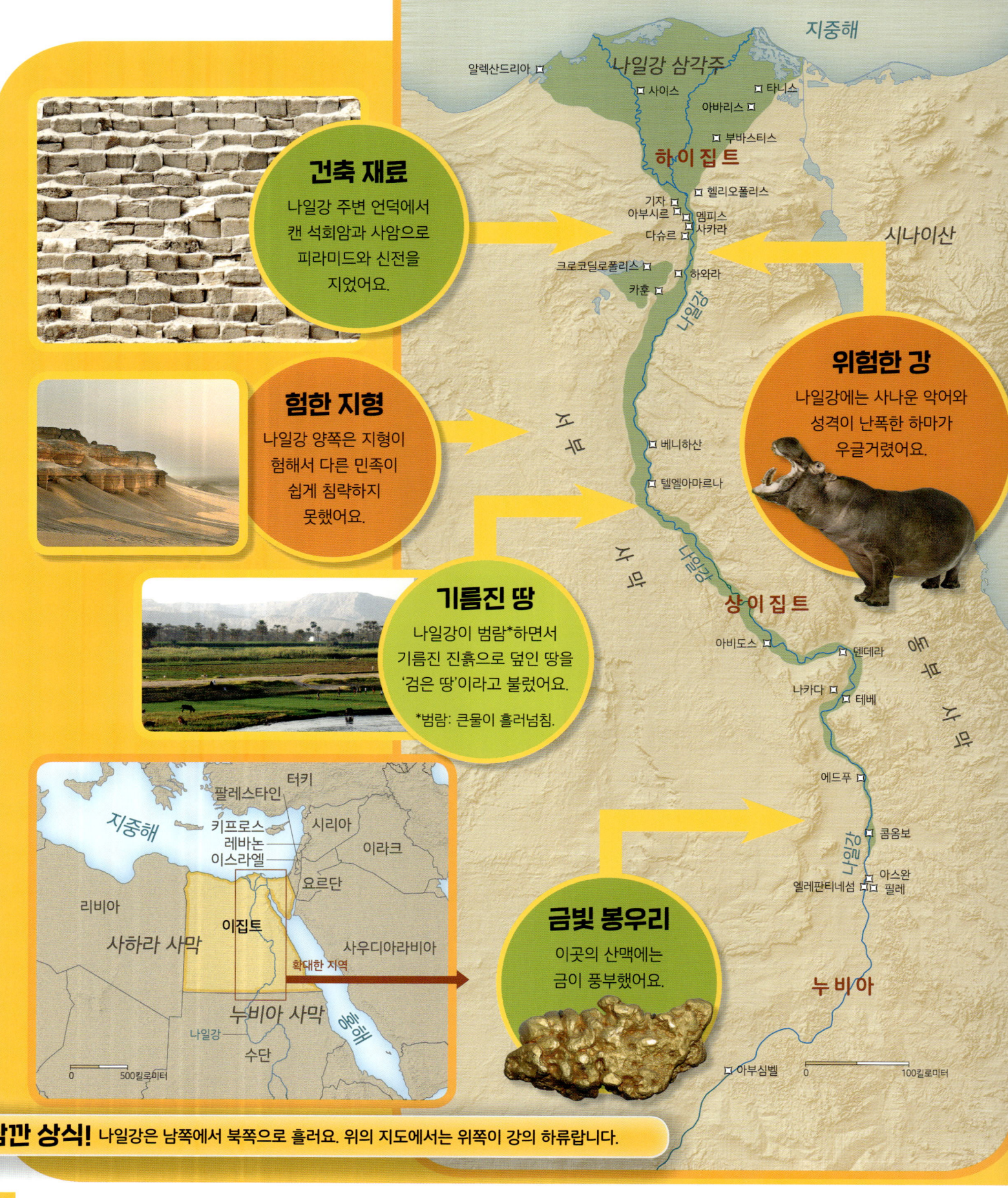

건축 재료
나일강 주변 언덕에서 캔 석회암과 사암으로 피라미드와 신전을 지었어요.

험한 지형
나일강 양쪽은 지형이 험해서 다른 민족이 쉽게 침략하지 못했어요.

기름진 땅
나일강이 범람*하면서 기름진 진흙으로 덮인 땅을 '검은 땅'이라고 불렀어요.

*범람: 큰물이 흘러넘침.

위험한 강
나일강에는 사나운 악어와 성격이 난폭한 하마가 우글거렸어요.

금빛 봉우리
이곳의 산맥에는 금이 풍부했어요.

지중해
알렉산드리아
나일강 삼각주
사이스
타니스
아바리스
부바스티스
하이집트
헬리오폴리스
기자
아부시르
멤피스
사카라
다슈르
시나이산
크로코딜로폴리스
하와라
카훈
나일강
사막
베니하산
텔엘아마르나
나일강
사막
상이집트
아비도스
덴데라
나카다
테베
사막
에드푸
콤옴보
나일강
아스완
엘레판티네섬
필레
누비아
아부심벨
0   100킬로미터

지중해
터키
팔레스타인
키프로스
시리아
레바논
이스라엘
이라크
요르단
리비아
이집트
사우디아라비아
사하라 사막
확대한 지역
누비아 사막
나일강
수단
0   500킬로미터

잠깐 상식! 나일강은 남쪽에서 북쪽으로 흘러요. 위의 지도에서는 위쪽이 강의 하류랍니다.

고대 이집트와 나일강의 선물

나일강이 흘러넘친 땅에서 문명이 탄생했어요.

약 5000년 전, 아프리카 북동부에 있는 나일강은 큰 비가 내릴 때마다 강물이 주변 땅으로 흘러넘쳤어요. 밭들은 온통 흙탕물에 잠겼지요. 시간이 지나 흙탕물이 빠지고 나면 밭은 거무스름한 흙으로 덮였어요. 빵을 만들 밀과 옷을 지을 때 사용하는 풀 아마를 키우기에 안성맞춤이 되었지요.

그리고 바로 이 땅에서 문명이 생겨났어요. 문명이란 자연 그대로의 생활에서 사회, 경제, 기술이 발전해 국가의 모습을 갖추어 가는 과정을 말해요. 해마다 영양분이 풍부한 흙이 쌓이자 주변 사막을 떠돌던 사람들이 몰려들었어요. 곧 마을을 이루었지요. 그러다 기원전* 3100년경 크게 두 지역으로 나뉜 마을이 하나로 합쳐지면서 고대 이집트 왕국이 되었답니다.

*기원전: 예수가 태어난 해를 기준으로 그 이전의 시기를 이른다.

전문가 인터뷰

고대 이집트에도 지도가 있었어요. 아라의 지도는 이탈리아의 한 박물관에 남아 있는 고대 이집트 지도의 일부예요. 아주 특별한 지도지요. 보물 지도거든요! 보물이 어디 묻혔는지는 나와 있지 않지만, 금이 묻힌 곳으로 가는 길과 '금을 캐낸 산'처럼 중요한 정보가 들어 있어요. 무려 3000년 전에 만들어진 지도인데 지도를 그린 사람의 무덤에서 발견되었답니다.

파피루스

왕자 부부가 나일강에서
배를 타는 모습이에요.

나일강의 범람이 미친 영향

벽돌: 강둑의 진흙을 햇볕에 말려서 집과 건물을 지을 벽돌을 만들었어요.

파피루스: 주로 무더운 습지에서 자라는 식물로, 고대 이집트에서는 종이, 샌들, 배 등 온갖 물건을 만들었어요.

계절: 나일강의 높이에 따라서 1년을 세 계절로 나누었어요. 물이 넘치는 범람기, 농사를 짓는 경작기, 농작물을 수확하는 수확기였지요.

종교관: 나일강 주변의 변화는 사람들에게 삶과 죽음, 그리고 죽은 뒤의 세계를 생각하게 했어요.

교통: 길게 이어진 나일강을 따라서 사람, 물건, 건축 재료를 배로 날랐어요.

연표로 훑어보는 고대 이집트

강력한 나라, 이집트 왕국이 세워졌어요.

기원전 3100년경, 이집트 왕국을 세운 왕이 누구냐고요? 한 유물에는 '나르메르' 라고 적혀 있고, 한 신전 벽에는 '메네스' 라고 적혀 있어요. 이집트학자들도 어느 쪽이 맞는지 확신하지 못해요. 누가 세웠든지간에 이집트 왕국은 점점 강해졌고, 3000년가량 이어졌어요. 하지만 늘 살기 좋았던 것은 아니에요. 나라가 분열되고 외부의 침략을 받을 때도 있었어요. 이렇게 어려웠던 시기를 '중간기'라고 불러요. 왕국이 번영하던 시대 사이에 끼어 있는 시기라는 뜻이지요. 고대 이집트 역사는 어느 가문이 통치했는지에 따라 왕조로 구분해요. 우리에게 잘 알려진 신왕국을 다스렸던 투탕카멘은 제18왕조에 속한답니다. 오른쪽 연표*는 고대 이집트를 주요 시기로 나눈 표예요. 각 시기의 특징과 주요 왕 등을 알아보아요.

*연표: 역사상 일어난 사건을 시간순으로 배열하여 적은 표.

이 유물에는 나르메르왕이 이집트를 통일했다고 적혀 있어요.

초기 왕조 시대 (제1~2왕조)
기원전 3100~2686년경

남북으로 길게 이어진 이집트가 하나로 합해져 최초의 이집트 왕조가 시작되었어요. 당시 수도*는 멤피스였지만, 이후 여러 차례 수도가 옮겨졌어요. 이 시기에 만들어진 많은 문화가 오랫동안 계속되었어요.

*수도: 한 나라의 중앙 정부가 있는 도시.

고왕국 (제3~6왕조)
기원전 2686~2181년경

고대 이집트는 수학, 천문학, 예술, 미라 만드는 기술이 크게 발달했어요. 특히 고왕국에서는 왕이나 왕족의 무덤인 피라미드가 만들어졌지요. 산처럼 큰 무덤은 이 시기 왕의 힘이 무척 강력했음을 말해 주어요.

숫자로 알아보아요!

2000년   고대 이집트가 사라진 뒤부터 지금까지 대략의 기간.

4000년   세계에서 가장 오래된 문명인 중국 문명이 지속된 대략의 햇수.

3000000명   고대 이집트의 전성기 때 대략의 인구.

106156700명   현재 이집트의 인구. (2022년 기준)

중왕국 (제11~12왕조)
기원전 2040~1758년경

멘투호테프 2세가 왕국을 다시 통일했어요. 세누스레트 2세는 금이 풍부한 남쪽의 누비아까지 땅을 넓혔지요. 문학과 예술도 크게 발전했어요. 이 시기의 문학은 파피루스, 목판 등 여러 형태로 오늘날까지 전해져요.

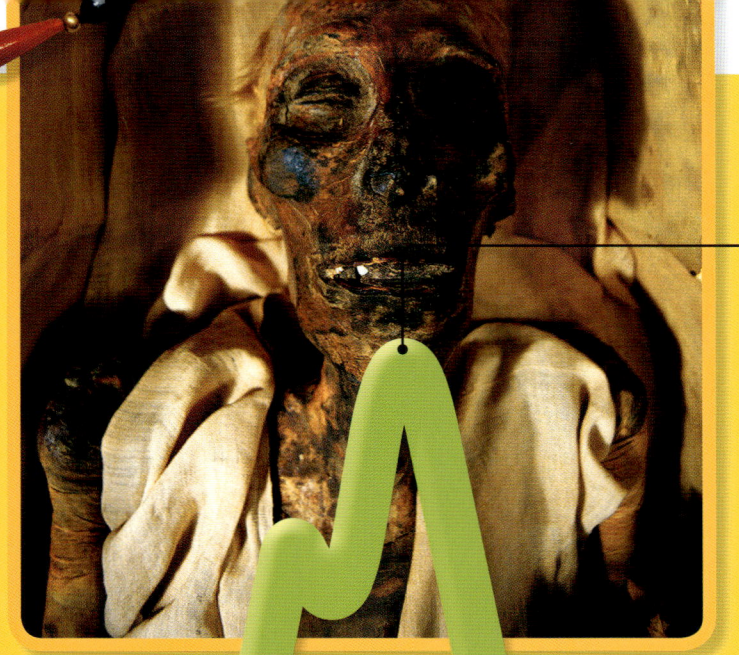

신왕국 (제18~20왕조)
기원전 1570~1070년경

왕들은 전쟁에서 승리해 새로운 땅을 차지했어요. 승리를 기원하며 새로운 유적을 세웠지요. 람세스 2세, 투탕카멘, 하트셉수트 등이 이 시대를 다스렸어요. 신왕국이 번성하던 시기 파라오들의 무덤은 나일강 중류 '왕가의 계곡'에 모여 있답니다.

이집트학자들은 람세스 2세의 미라를 엑스레이로 촬영해 그가 관절염과 고혈압을 앓고 있었다는 사실을 알아냈어요.

제1중간기 (제7~10왕조)
기원전 2181~2050년경

왕국은 다시 갈라지고, 각각의 땅을 다스리는 왕들은 다툼을 벌였어요. 이렇게 갈라진 왕국은 고유의 문화를 발전시키며 새로운 예술 양식을 만들어 냈어요.

제2중간기 (제13~17왕조)
기원전 1648~1540년경

서아시아에서 온 힉소스 사람들의 침략을 받았어요. 힉소스 사람들은 전차와 발달한 무기를 앞세워 여러 전투에서 승리했어요. 하지만 결국 이집트에서 쫓겨났지요.

후기 왕조 시대와 종말
(제21~30왕조)
기원전 1085~30년경

제3중간기에 왕과 사제는 이집트의 통치권을 놓고 다투었어요. 주변 나라의 침략도 이어졌지요. 결국 왕국은 로마 제국에 정복되어 사라졌어요.

마케도니아의 알렉산드로스 대왕은 기원전 332년 이집트를 지배하던 페르시아 사람들을 몰아내고 파라오가 되었어요.

잠깐 상식! 1970년대에 아스완 하이 댐이 지어지면서 나일강은 더 이상 범람하지 않게 되었어요.

① ② ③ ④

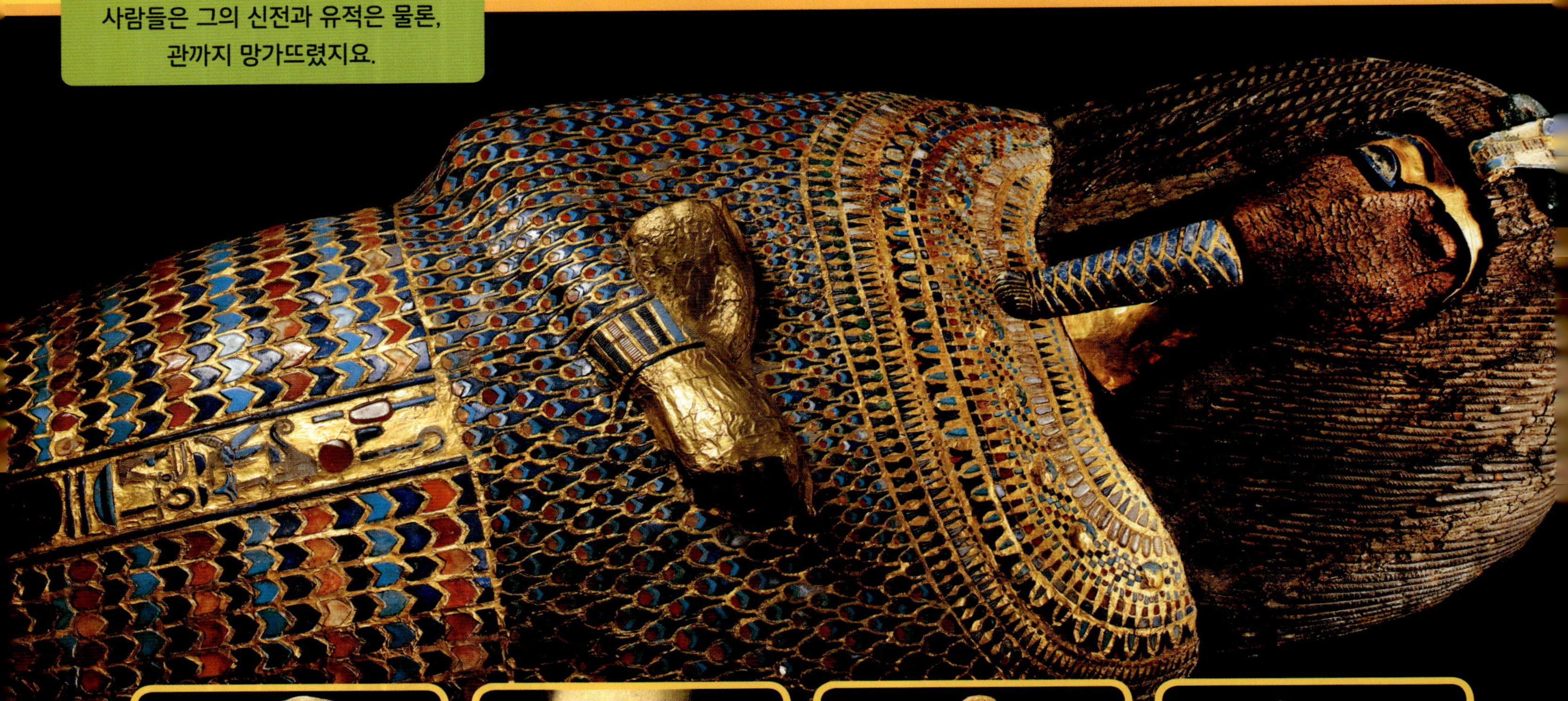

많은 사람에게 알려진 파라오

❶ 하트셉수트
의붓아들*인 투트모세 3세와 함께 신왕국을 다스렸어요. 고대 이집트 왕국에서 몇 안 되는 여자 파라오였지만, 남자처럼 옷을 입고 턱수염도 달았지요. 그는 자신이 파라오가 되는 모습을 예술 작품으로 남기도록 했답니다.

*의붓아들: 재혼한 배우자가 데리고 온 아들.

❷ 아크나톤
태양신 아톤만을 섬기게 했어요. 다른 신들은 믿지 못하게 했지요. 수도를 새롭게 정하고, 수도를 제외한 다른 지역은 돌보지 않았어요. 사람들은 반발했고, 아크나톤이 죽은 이후 다시 여러 신을 섬겼어요.

❸ 람세스 2세
기르던 사자와 함께 홀로 히타이트 군대와 싸웠다는 이야기가 전해질 만큼 강인한 인물이었어요. 사람들은 그를 '람세스 대왕'이라고 부르며 존경했답니다. 65년 넘게 왕국을 다스리며 그 어떤 왕보다 많은 유적을 지었고, 오래 살았어요.

❹ 클레오파트라 7세
클레오파트라 7세는 고대 이집트의 마지막 파라오예요. 후기 왕조 시대에 이민족* 출신의 파라오였지만 이집트의 문화를 존중했지요. 지성과 미모로 로마의 지지를 얻었으나, 로마가 이집트를 점령하자 스스로 목숨을 끊었어요.

*이민족: 다른 민족. 또는 언어나 풍습 따위가 다른 민족.

고대 이집트는 파라오가 다스렸어요

고대 이집트 사람들은 파라오를 살아 있는 신이라고 믿었어요.

모든 사람이 파라오를 신처럼 섬겼지요. 파라오를 보면 무릎을 꿇었고, 파라오의 발과 무릎에 입을 맞추는 것을 영광스럽게 생각했어요. 사람들은 매의 머리를 가진 태양신 호루스가 인간이 되어 파라오로 나타났다고 생각했어요. 그래서 파라오는 여러 신과 대화를 나눌 수도 있다고 여겼지요. 사람들은 진리, 정의, 질서의 신 마트가 이집트를 보호해야 해마다

아크나톤의 왕비 네페르티티의 이름은 **'세상에 나타난 아름다운 존재'**라는 뜻이에요.

나일강이 범람해서 농사가 잘되고, 날마다 아침 해가 뜬다고 믿었어요. 그래서 이집트가 혼란에 빠지지 않도록 신전을 짓고 신들을 정성스럽게 모시는 일은 파라오의 중요한 임무였답니다. 파라오는 화려한 궁전에서 하인들의 시중을 받으며 왕족과 함께 지냈어요. 파라오의 자리를 이어받을 자식을 낳기 위해 여러 명의 아내도 두었지요. 이웃 나라와 백성들이 곡물, 황금, 소, 가죽, 배 등을 바쳐 아주 풍족하게 생활했어요. 파라오는 정치와 군사도 책임졌어요. 사람들에게 존경을 받았던 파라오는 실제 외모나 나이에 상관없이 언제나 유적에 젊은 모습으로 묘사되었지요. 하지만 인기가 없던 파라오는 훗날 신전과 기둥에서 이름이 지워지기도 했어요. 이렇게 후대에 달라지는 기록 때문에 이집트학자들은 170여 명의 파라오를 연구하는 데 어려움을 겪기도 한답니다.

코브라와 독수리 모습의 신
파라오의 머리 장식
가짜 턱수염
왕족의 목걸이

파라오는 모두 같은 스타일의 왕실 옷을 입었어요.

잠깐 상식! 고대 이집트 땅을 크게 넓힌 투트모세 3세의 전술은 오늘날에도 군사 훈련에서 가르치고 있어요.

고대 이집트 사람들이 섬겼던 신들

토트

문학, 수학, 지혜의 신으로,
새나 개코원숭이의
모습이에요.

고대 이집트에서는 2000명이 넘는 신을 섬겼어요!

행운을 주는 신, 아이를 보호하는 신, 특정 직업을 도와주는 신, 지방마다 존재하는
낱낱의 신까지! 그중 중요한 신들은 사제들만 들어갈 수 있는 거대한 신전에 모셨어요.
사제들은 조각상을 씻기고, 옷을 입히고, 음식을 바치는 것은 물론 향수까지 뿌려
주었답니다.

고대 이집트 신들의 모습은 다양해요. 사람, 동물, 반은 사람 반은 동물인 반인반수 등
여러 모습이지요! 고대 이집트에 내려오는 어느 신화에 따르면, 아주 오랜 옛날에
세상을 만든 창조신이 자신을 다양한 신의 모습으로 뻗어 냈다고 해요. 그래서 사람들은
자신이 섬기는 신이 창조신의 다른 모습이라고 믿게 되었지요. 그럼 지금부터 고대
이집트의 여러 신들을 만나 볼까요?

와제트

하이집트에서 섬긴
코브라 신이에요.

네크베트

상이집트에서 섬긴 독수리
신이에요. 파라오의 두건에는
와제트와 네크베트가 그려져
있어요. 두 땅을 통치한다는
뜻이지요.

라

배를 타고 하늘을
가로지르는 태양신이에요.
파라오는 라의
아이들이라고 여겼지요.

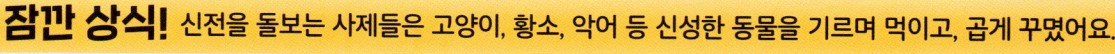

잠깐 상식! 신전을 돌보는 사제들은 고양이, 황소, 악어 등 신성한 동물을 기르며 먹이고, 곱게 꾸몄어요.

'신들의 왕'인 아몬을 모시는 테베의 카르나크 신전이에요. 고대 이집트의 신전 중에서 가장 컸지요. 안에 동물원도 있었어요!

베스
몸집이 아주 작은 신이에요. 뱀과 전갈, 악몽이 집 안으로 들어오지 못하도록 집을 지켜요.

세크메트
파괴와 재생의 여신이에요. 질병을 퍼뜨리기도 하고, 낫게도 했어요.

호루스
파라오의 모습으로 땅에 나타난다는 신이에요. 최고신 중 하나지요.

프타
이집트를 만든 신이에요. 미라처럼 생겼지요. 세크메트와 부부 사이랍니다.

17

생생한 역사 현장
고대 이집트 파라오의 무덤

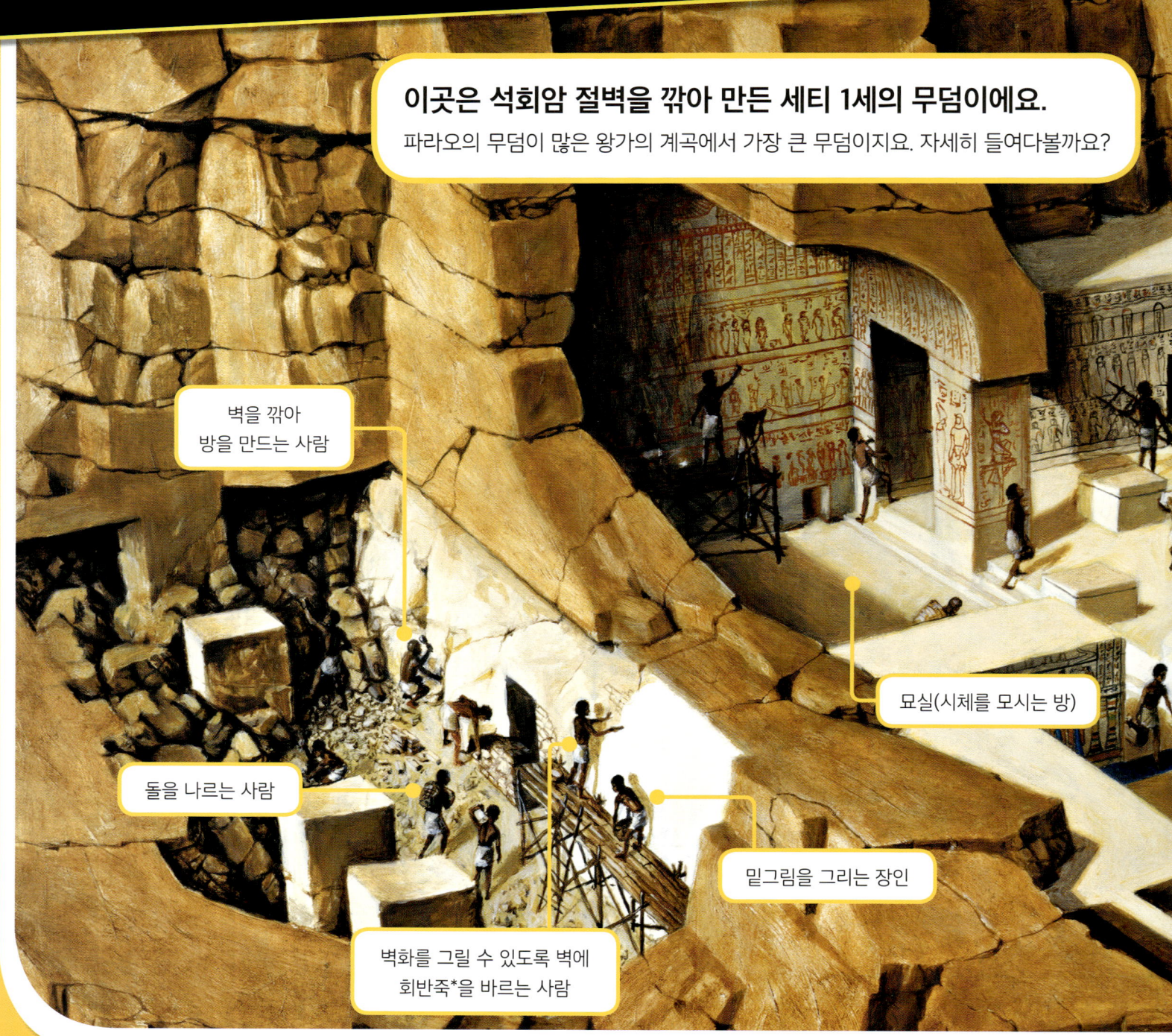

이곳은 석회암 절벽을 깎아 만든 세티 1세의 무덤이에요.
파라오의 무덤이 많은 왕가의 계곡에서 가장 큰 무덤이지요. 자세히 들여다볼까요?

벽을 깎아
방을 만드는 사람

묘실(시체를 모시는 방)

돌을 나르는 사람

밑그림을 그리는 장인

벽화를 그릴 수 있도록 벽에
회반죽*을 바르는 사람

*회반죽: 횟가루에 물을 섞은 것. 회반죽 위에 그림을 그린 후 반죽이 마르면 잘 벗겨지지 않는다.

석회암 절벽

출구로 이어지는 통로

평평한 면에 글자나 그림 따위를
도드라지게 새기는 돋을새김

높은 곳에서 공사를 할 수 있도록
임시로 설치한 구조물

돌로 만든 관

벽화를 다듬는 장인

기둥

2 고대 이집트의 미라와 사후 세계

파라오의 머리와 사자의 몸을 가진 스핑크스예요. 거대한 앞발을 너밀며 기자의 피라미드를 지키고 있네요! 이 스핑크스는 4000여 년 전 이곳에 묻힌 파라오를 기리기 위해 만들어졌어요.

사람이 죽으면 미라로 만들었다고요?

고대 이집트 사람들에게 죽음은 새로운 시작을 의미했어요.

우리가 살아가는 삶은 잠깐의 여행이라고 생각했지요. 삶이 끝나면 사후 세계*에서 조상과 함께 영원히 산다고 믿었어요. 그러나 사후 세계로 들어가는 일은 쉽지 않았어요. 영혼이 돌아갈 몸과 사후 세계에서 사용할 물건이 들어 있는 무덤이 있어야 했지요. 그래서 사람이 죽으면 미라로 만들어서 보존하는 방법을 개발했어요. 미라를 넣은 무덤에는 식량과 옷도 함께 넣어 주었지요. 만약 미라가 해를 입어도 조각상, 벽화 등에 영혼이 머물 수 있도록 죽은 이의 모습을 담은 예술 작품을 만들기도 했답니다.

*사후 세계: 생물이 죽은 뒤에 가게 된다고 여겨지는 세계.

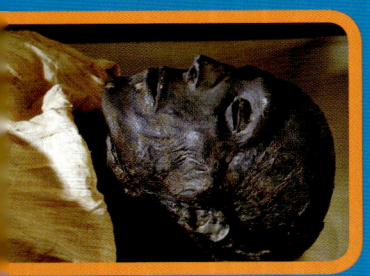

3300년 전에 살았던 세티 1세의 미라예요. 과연 살아 있을 때에도 똑같은 모습이었을까요?

미라를 만드는 데에는 70일이 걸려요. 이렇게 만든 미라는 수천 년 동안 보존되기도 하지요.

미라 만들기
1단계: 장기 꺼내기

미라를 만들 때에는 고약한 냄새가 많이 나요. 그래서 먼 사막에 있는 텐트에서 만들어요. 죽은 사람의 몸을 깨끗하게 닦아 눕힌 뒤, 쇠갈고리를 콧속으로 밀어 넣어서 뇌를 조금씩 긁어내요. 그리고 배를 갈라 장기를 꺼냅니다.

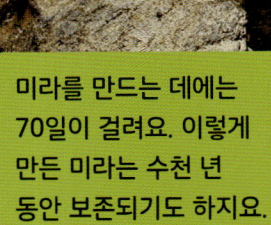

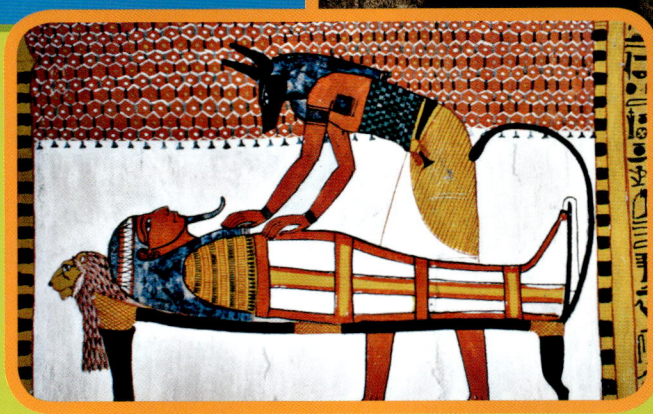

자칼*의 머리를 가진 미라의 신 이누비스를 모시는 사제가 미라가 만들어지는 과정을 감독해요.

*자칼: 개과의 포유류. 승냥이와 여우의 중간형이다.

영원히 함께하는 친구

이집트학자들은 이집트 곳곳에서 온갖 동물 미라를 발굴했어요. 이것을 다 모으면 '미라 동물원'을 만들 수 있을 정도예요. 고양이, 개, 당나귀, 사자, 양, 매, 땃쥐까지! 동물 미라는 고대 이집트 사람들이 반려동물을 무척 사랑했음을 알려 주어요. 반려동물의 주인이 죽으면 동물도 미라로 만들어 사후 세계에서 다시 만날 수 있도록 함께 묻어 주었지요.

고대 이집트에는 신과 관련이 있는 동물 미라도 있었어요. 악어 미라는 다산의 신 소베크를, 따오기 미라는 지식과 기록의 신 토트를 상징해요. 사후 세계에서 무덤의 주인이 먹을 수 있도록 동물의 고기를 가공한 육포 미라도 있었답니다. 과거에는 동물 미라의 중요성을 몰랐지만, 요즘은 동물 미라만 따로 연구하기도 해요.

고양이가 들어 있던 관을 엑스레이로 촬영한 모습이에요.

가짜 동물 미라도 있었어요. 사진 속 개코원숭이와 고양이는 진짜 미라이지만, 악어는 가짜 미라예요.

2단계: 말리기

간, 위, 창자, 폐는 보존 처리를 해요. 그다음 각 장기를 지키는 신의 모습을 새긴 카노푸스 단지에 담고 봉해요. 사후 세계로 향할 때 중요한 역할을 하는 심장은 다시 몸에 넣어 주지요. 빈 몸속에는 수분을 빨아들이는 약품을 잔뜩 넣어 40일 동안 말려요.

3단계: 천으로 감기

약품을 퍼낸 후 몸속에 향료, 낡은 옷, 식물 등을 채워 몸의 형태를 잡아요. 그다음 얇은 천을 겹겹이 감아요. 마지막으로 사제가 부적을 천 사이에 끼워 넣고 미라를 보호하는 주문을 외우면 끝이에요! 완성된 미라와 카노푸스 단지는 함께 무덤에 묻어요.

잠깐 상식! 고대 이집트에서는 사람의 몸에 상처를 내는 것을 범죄로 여겼어요. 그래서 죽은 사람의 배를 가른 사람은 추방했답니다.

고대 이집트 사람들의 무덤 속 유물들

배

고대 이집트 사람들은 태양신이 매일 밤 배를 타고 사후 세계로 들어간다고 믿었어요. 그래서 배 모형이나, 실제 크기의 배를 무덤에 넣었어요.

고대 이집트 사람들에게 죽음은 사후 세계로 떠나는 여행이었어요.

그러면 여행을 위한 짐을 싸야겠지요? 아주 긴 여행이 될 테니까요. 가족들은 사후 세계에서 필요한 모든 것을 꼼꼼하게 챙겨 죽은 사람의 무덤에 넣어 주었어요. 가난한 사람의 무덤에는 꼭 필요한 식량, 화장품, 옷이 전부였지만, 파라오의 무덤 속 방에는 화려한 보물과 예술품으로 가득했답니다. 무덤에서 발굴한 물건들을 살펴볼까요?

음식

가족들은 무덤 바깥에 영혼이 먹을 음식을 놔두었어요. 무덤 벽에 식사하는 모습을 그리거나 큰 그릇에 음식물 조각을 담아 무덤 안에 두기도 했지요.

옷

새로 지은 옷과 옷감, 신발 등으로 채운 상자를 무덤에 넣었어요.

전차

투탕카멘의 묘실에는 사후 세계에서 탈 전차가 6대나 들어 있었어요.

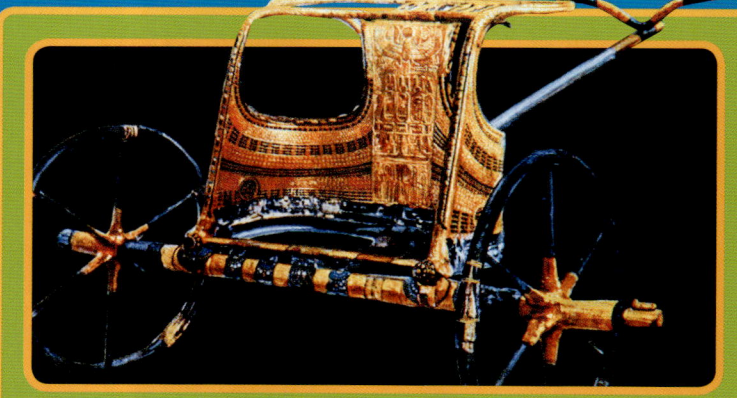

잠깐 상식! 「사자의 서*」에는 사후 세계에서의 나쁜 일을 막아 주는 주문이 실려 있어요. 동물의 똥을 먹지 않게 해 주는 주문도 있대요!

*사자의 서: 고대 이집트에서 죽은 사람을 묻을 때 함께 넣던 문서.

사후 세계로 가는 길

죽으면 모두 사후 세계로 갈 수 있는 건 아니었어요! 관문을 통과해야 했지요. 악령*이 가득한 위험천만한 저승에서 살아남지 못하면 영원히 저승에 갇힐 수 있었지요. 너무 걱정 마세요. 가족들이 무덤에 넣어 준 「사자의 서」에는 악령을 물리치는 주문이 잔뜩 적혀 있었거든요. 죽은 사람의 심장을 검사하는 아누비스를 이길 방법도 있었답니다. 이 심판을 통과해야 산 사람을 만날 수 있는 경혼이 되었지요. 만약 통과되지 못한다면? 악어, 사자, 하마의 모습이 뒤섞인 악령에게 던져졌어요. 게임 오버, 그대로 끝이었지요!

*악령: 원한을 품고 사람에게 재앙을 내리는 나쁜 영혼.

관

영혼이 자기를 알아볼 수 있도록 관에 살아 있을 때 모습을 새겼어요.

장신구

부유한 사람들은 화려한 장신구로 무덤을 가득 채우기도 했어요.

하인

사후 세계에서 하인이 되어 줄 조각이에요. '우샤브티' 라고 해요. 한 파라오의 무덤에는 약 1000점의 우샤브티가 들어 있었어요.

놀잇감

사후 세계에서 즐길 수 있는 보드게임도 무덤에 넣었어요.

파라오의 무덤, 피라미드

고왕국이 시작될 무렵, 계단식 피라미드가 생겼어요.

진흙 벽돌로 만든 무덤 대신, 사후 세계에서 파라오가 걸어 올라갈 수 있도록 높이 쌓아 올린 무덤을 생각한 거예요. 계단식 피라미드에 묻힌 첫 번째 주인공은 조세르왕이었어요. 그의 피라미드는 6개의 단으로 이루어졌고, 전체 높이는 약 60미터였어요. 후대의 파라오들은 더욱 큰 피라미드를 지었어요. 쿠푸왕은 높이가 약 147미터나 되는 아주 거대한 피라미드를 건설했지요. 상상해 보세요! 4000년 전에 아파트 52층 높이의 건축물을 지은 거예요. 2만 명의 사람이 20년 넘게 만든 거래요. 당시 세계에서 가장 높은 건축물이었고, 이 기록은 4000년 가까이 계속되었어요. 쿠푸왕의 무덤 주위에는 후대 왕과 왕비의 피라미드가 100기 넘게 지어졌어요. 그러다가 중왕국 무렵부터는 더 이상 피라미드를 짓지 않았답니다.

피라미드 모양의 변화

위쪽은 조세르왕의 계단식 피라미드예요. 그 후 아래쪽처럼 올라가면서 기울기가 꺾인 모양의 피라미드가 세워졌어요. 그리고 오른쪽처럼 우리가 흔히 아는 뾰족한 모양의 피라미드가 세워졌지요.

전문가 인터뷰

고대 이집트 초기 왕조 시대 왕들은 '마스타바'라고 불리는 네모난 돌무덤 아래 묻혔어요. 마스타바는 피라미드가 만들어지는 기초가 되었답니다. 우리가 씨앗을 심고 그 위에 흙을 덮어 새 생명이 싹트길 기다리는 것처럼, 피라미드도 비슷해요. 땅속에 왕의 미라를 넣고, 피라미드를 쌓아 왕의 영혼이 생명을 얻길 기다리는 거지요.

'벤벤'이라는 신성한 돌이에요. 햇살을 의미하지요. 피라미드의 모양에 영향을 주었을 수도 있어요.

가운데는 쿠푸왕의 거대한 피라미드예요. 다듬은 석회암으로 겉을 감싸고, 꼭대기에는 황금빛 돌을 올려 두었어요. 하지만 후대의 이집트 사람들이 석회암을 떼어 내어 다른 건물을 지었지요.

왕가의 계곡

파라오는 살아 있을 때 그 누구도 두렵지 않았어요. 자신이 왕이었으니까요. 그런데 죽음은 달랐어요. 만약 도굴꾼이 피라미드 속 왕의 묘실에 들어오기라도 한다면, 파라오는 사후 세계에서 편안하게 지내지 못할 수도 있었지요. 그래서 신왕국의 파라오들은 수도 테베 근처에 있는 은밀한 골짜기에 절벽을 파내어 무덤을 만들었어요. 여러 함정과 가짜 통로도 만들었지요. 왕의 무덤이 모인 이곳을 '왕가의 계곡'이라고 불러요. 하지만 이러한 노력에도 불구하고 왕가의 계곡에 있던 무덤은 대부분 도굴되었어요. 심지어 무덤을 만든 사람이 직접 도굴하기도 했답니다.

잠깐 상식! 쿠푸왕의 피라미드는 평균 무게가 2500킬로그램인 벽돌을 230만 개나 쌓아 올려 만든 것이에요.

투탕카멘의 죽음에 얽힌 비밀

왼쪽부터 조지 카나번과 하워드 카터

미라의 저주

1922년 이집트학자 하워드 카터가 투탕카멘의 무덤을 발견했어요. 사람들은 이 놀라운 문화유산에 관심을 쏟았어요. 그야말로 고대 이집트 열풍이 일었지요. 그런데 투탕카멘의 무덤이 열린 지 1년도 안 되어 무덤 발굴을 후원했던 조지 카나번이 세상을 떠났어요. 그가 미라의 저주를 받았다는 기사가 줄을 이었지요. 고대 이집트의 무덤 벽에는 도굴꾼을 겁주는 저주가 잔뜩 새겨져 있어요. "이 무덤에 침입하는 모든 이에게 물에서는 악어가, 땅에서는 뱀과 전갈이 찾아가리라." 하지만 카나번의 목숨을 앗아 간 것은 악어도 전갈도 아니었어요. 그는 모기에 물린 상처가 덧나 사망했지요. 직접 무덤을 연 카터는 그 후로도 17년을 더 살았고요. 과연 미라의 저주가 진짜 있을까요?

투탕카멘의 머리뼈를 스캐닝 해서 실제 얼굴 모형을 제작했어요. 투탕카멘의 황금 마스크와 닮아 보이나요?

투탕카멘에 대해 들어 본 적이 있나요?

투탕카멘의 무덤이 세상에 공개되면서 그는 가장 유명한 파라오가 되었어요. 온전하게 남아 있는 수천 점의 유물, 어린 나이에 죽은 그 짧은 생과 비밀스러운 죽음 때문이에요. 훗날 이집트학자들은 과학 기술을 동원하여 소문에 얽힌 진실과 거짓을 밝혀냈어요. 투탕카멘은 왕가의 계곡 속 숨겨진 무덤에 묻혔어요. 그의 묘실은 다른 파라오의 무덤과 달리 도굴되지 않았지요. 이집트학자 하워드 카터가 발견하기 전까지는요. 하지만 발굴 과정에서 3300년 된 투탕카멘의 미라는 여기저기 손상을 입었어요. 미라를 관에서 꺼내려고 조각내기까지 했지요. 처음에 미라에 남은 상처를 본 사람들은 투탕카멘이 살해를 당했다고 생각했어요. 그러나 오늘날의 3D 스캐닝*과 유전자 검사 같은 첨단 과학 기술은 전혀 다른

잠깐 상식! 이집트학자들이 미라의 가치를 알아차리기 전에는 미라가 불쏘시개나 비료로 쓰였어요. 가루로 빻아서 약으로도 썼지요!

*3D 스캐닝: 레이저를 발사하여 물체의 입체적 형태를 파악하는 기술.

투탕카멘 관의 구조

바깥쪽 목관

세 번째 목관

두 번째 목관

안쪽 목관

석관 뚜껑

바깥쪽 관 덮개

가운데 관 덮개

안쪽 관 덮개

마스크와 얇은 천

안쪽, 가운데, 바깥쪽 관의 바닥

석관

투탕카멘 묘실에는 왼쪽의 목걸이와 같은 껴묻거리*가 5000점 넘게 있었어요. 발굴단이 껴묻거리의 목록을 작성하는 데 꼬박 십 년이 걸렸지요.

*껴묻거리: 장사 지낼 때, 시체와 함께 묻는 물건을 통틀어 이르는 말.

결과를 알려 주어요. 어린 파라오는 병을 앓았고, 말라리아에 걸리는 바람에 몸이 무척 약해졌다고 말이에요. 투탕카멘이 살해당했다는 증거는 전혀 나오지 않았어요. 이후 투탕카멘의 미라를 연구하는 학자들은 유전병*이나 골절로 생긴 감염 때문에, 또는 전차에서 떨어져서 죽음을 맞았을 거라고 주장하고 있어요.

투탕카멘의 미라는 석관 속 세 겹의 관 속에 누워 있었어요. 석관은 네 겹의 목관에 감싸여 있었지요.

찰칵! 고대 이집트 사진전
무덤과 신전

무덤과 신전은 고대 이집트로 떠나는 열쇠예요.

비록 도굴꾼들이 오랜 세월 동안 마구 파헤쳤지만 이제는 이집트학자들이 위대한 문화유산의 가치를 바로 알고 연구하고 있어요.

우샤브티에는 사후 세계에서 살아나는 주문이 새겨져 있어요.

파라오의 발가락은 사후 세계를 위해 썩지 않도록 처리했어요. 발가락이 부러지면 나무로 만든 발가락을 끼웠어요.

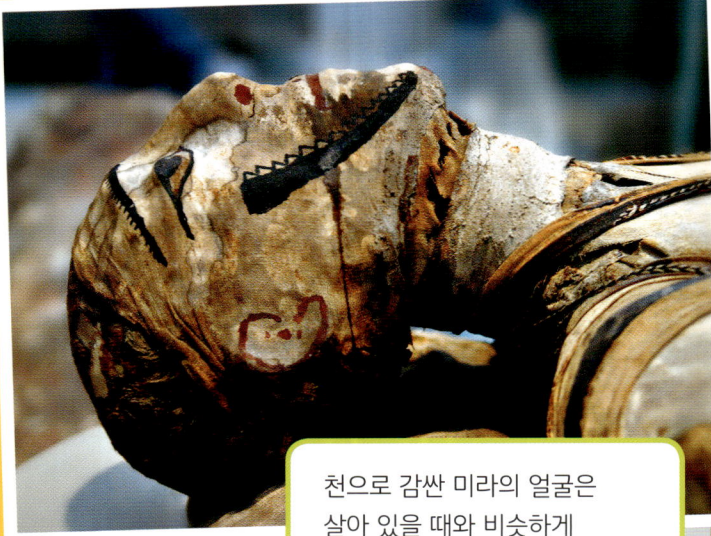

천으로 감싼 미라의 얼굴은 살아 있을 때와 비슷하게 만들었어요. 죽은 사람의 영혼이 자기 몸을 찾을 수 있도록요.

왼쪽부터 생명, 안정, 권력을 뜻하는 물건들이에요. 이것들은 파라오에게 매우 중요했지요.

고대 이집트의 신성한 동물 중 하나인 양의 미라예요.

아스완 하이 댐이 지어지면서
람세스 2세가 만든 아부심벨
신전은 물에 잠길 위험에 처했어요.
이집트 정부는 신전을 여러
조각으로 나눠 더 높은 곳으로
옮겼어요.

하토르 신전의 어둑한
통로 벽을 돋을새김으로
꾸몄어요.

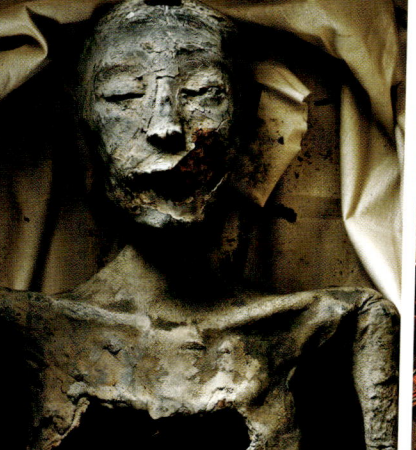

덴데라 신전 안
까마득히 높이 솟은
기둥의 꼭대기에는
사랑의 여신인 하토르의
얼굴이 새겨져 있어요.

이집트학자들은 투탕카멘
어머니의 미라도 발견했어요.

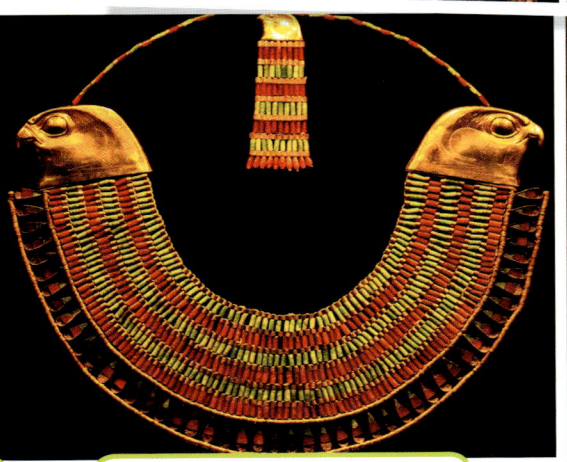

파라오의 얼굴을
금으로 만든
장례용 마스크예요.

그림 문자로 투탕카멘의
이름을 적고, 타원형의
장식을 둘렀어요.

금과 구슬을 엮은 이 목걸이는
하워드 카터가 투탕카멘의
무덤에서 발견했어요.

고대 이집트는 농사짓기에 좋았어요.
해마다 강물이 작물이 잘 자라는
부드러운 흙을 날라 주었거든요.

3 고대 이집트 사람들의 생활

고대 이집트 마을의 생활 엿보기

고대 이집트에서는 신분에 따라 사는 곳이 달랐어요.

파라오와 왕족은 왕국 곳곳에 있는 화려한 궁전에 살았고, 평민은 나일강 주변의 크고 작은 마을에 모여 살았지요. 기술이 뛰어난 장인은 다른 평민보다 잘살았어요. 오른쪽 사진은 신왕국 때 왕가의 계곡을 만들던 장인이 모여 살던 마을이에요. 장인들이 왕가의 계곡에서 돌아오는 주말이면, 마을은 무척 북적였지요. 마을에 남겨진 유물들은 고대 이집트 사람들의 생활 모습을 짐작하게 해 주어요. 사진을 보며 살짝 엿볼까요?

시끌벅적했어요

마을의 중심가는 좁고 복잡했어요. 두 팔을 옆으로 뻗으면 길 양쪽에 있는 집들의 벽이 닿을 정도였지요. 때때로 생선 가격을 놓고 다투는 소리가 들렸어요. 아직 화폐가 쓰이지 않아 흥정이 중요했거든요. 마을 곳곳에서는 부드러운 노래가 흘러나왔어요. "같이 강가로 가요. 빨간 고기를 잡아 올게요." 사랑 노래였지요.

진흙 벽돌로 집을 지었어요

사막의 열기를 피해 집 안으로 들어가 볼까요? 흐릿하게 빛이 드는 방이 몇 개 있고, 진흙 벽돌로 쌓은 벽에는 신과 조상을 모시는 공간이 있었어요. 방에는 벽돌로 만든 침대가 있고, 나무가 귀해서 가구는 거의 없었지요. 귀중품은 지하실에 보관했어요. 염소 우리 옆에는 도자기 조각이 쌓여 있었어요. 편지예요. 글을 읽을 수 있는 이집트 사람은 드물었지만, 장인의 아이는 글을 배울 수 있었어요.

빵을 구워 먹었어요

다른 고대 이집트의 노동자들처럼, 장인들도 노동의 대가를 식량으로 받았어요. 밀, 보리, 생선, 과일, 채소가 매일 당나귀에 실려 왔지요. 집 밖에 있는 주방에서 열기와 모래바람을 견디면서 빵을 구웠어요. 고소한 맛이 나는 빵에는 꿀을 발라 먹었어요.

고대 이집트의 신분과 직업

파라오와 왕족
나라의 통치자와 그의 가족

총리
정부에서 파라오를 돕는 사람

사제
신을 모시는 사람

서기
글을 쓰고 기록하는 사람

장인
숙련된 기술자

농민 / 노동자
왕국을 위해 농사짓고 건물이나 설비를 짓는 일꾼

웩, 고약한 냄새가 났어요

마을을 돌아다니는 당나귀는 길에 똥을 싸고 다녔어요. 개와 고양이도 마을 곳곳을 화장실로 삼았지요. 모래 상자 위에 발판을 놓아서 만든 화장실에는 사람의 배설물이 쌓였어요. 한낮의 열기에 구린 냄새를 풍겼지요. 고대 이집트의 마을에는 이런 냄새가 늘 퍼졌어요. 부유한 집은 향을 태워서 고약한 냄새를 가렸지요.

잠깐 상식! 고대 이집트에서는 아이들도 보리로 빚은 맥주를 마셨어요.

고대 이집트 사람들이 아픈 곳을 치료하는 법

가벼운 병을 치료하는 재료

양파
몸속 나쁜 균을 없애 주어요.

꿀
면역력을 길러 질병에 걸리는 걸 막아요.

버드나무 잎
염증을 치료하고 열을 내려요.

돼지 이빨
갈아서 먹으면 배앓이를 진정시켜 주어요.

생쥐
기침을 낮게 해요.

고대 이집트에서는 유령과 악령이 질병을 일으킨다고 생각했어요.

그래서 의사는 몸을 지켜 주는 주술*이 담긴 목걸이, 반지 등을 부적으로 처방했어요. 악령을 내쫓으려고 악어의 똥을 환자의 몸에 문지르기도 했지요. 악령도 똥 냄새라면 질색일 테니까요! 처방할 때는 으레 주문을 외웠어요. "악령을 내쫓을 이가 왔노라." 하고 말이에요. 그렇다고 해서 고대 이집트 의학이 모두 엉터리는 아니었어요. 의사는 날카로운 돌이나 천연 유리로 만든 칼로 간단한 수술을 하고, 약초를 섞어서 감염을 막는 약도 만들었어요. 부러진 뼈를 맞출 줄도 알았지요!

고대 이집트 의사는 대개 신전의 의학교를 다닌 사제이거나, 의사로 일하면서 동시에 서기로도 일했어요. 고대 이집트를 방문한 그리스의 역사가 헤로도토스는 이렇게 말했어요. "온 나라에 의사가 가득하다."라고요. 이웃 나라의 왕들은 누구보다 의학 지식이 뛰어난 고대 이집트 의사들을 자기의 나라로 부르곤 했어요. 만약 타임머신을 타고 고대 세계를 여행하다가 병에 걸린다면, 이집트로 달려가요. 아참! 의사에게 악어 똥보다는 부적이 좋다고 말하는 걸 잊지 말고요!

*주술: 불행이나 재앙을 막으려고 주문을 외거나 요술을 부리는 일.

몸을 보호하는 주술이 담긴 행운의 부적이에요.

흔한 질병과 치료제

눈병: 사막의 모래바람, 파리 떼, 나일강의 기생충 때문에 눈병이 흔했어요.
치료제: 꿀과 사람의 배설물이 섞인 연고를 눈에 발랐어요. 눈 화장이 눈병을 막아 주기도 했지요.

치통: 곡물을 돌에 갈아 만든 빵에 돌가루가 항상 섞여 있어서 이가 금방 닳았어요.
치료제: 단풍나무 열매, 콩, 꿀, 미네랄, 소독제 역할을 했던 황토를 섞어서 아픈 이에 발랐어요.

악어에게 물림: 악어는 신성한 동물이었지만, 뱃사람들에게는 두려운 존재였어요.
치료제: 생고기를 상처에 대고 붕대로 감았어요.

몸 냄새: 더운 사막에서 힘든 일을 하니 몸에서 퀴퀴한 냄새가 났어요.
치료제: 향료, 상추, 과일, 몰약*을 섞어서 냄새 나는 곳에 문질렀어요.

부러진 등뼈: 고대 이집트의 건설 현장에서는 사고가 흔했어요.
치료제: 3500년 된 의학서에는 부러진 등뼈의 치료법이 이렇게 적혀 있어요.
"그냥 둘 것."

*몰약: 나무에 상처를 내어 얻은 천연 고무 액체.

최초의 의사
역사에 기록된 최초의 의사는 헤시라예요. 계단식 피라미드를 만든 조세르왕의 전담 의사이자 서기였지요. 오늘날의 의사처럼 처방전을 썼어요.

고대 이집트의 최고 히트송

고대 이집트에서 음악가는 인기 있는 직업이었어요. 음악가가 축제에서 피리, 류트*, 하프, 트럼펫을 연주하면 춤꾼들이 박자에 맞춰 춤을 추었지요. 그들의 노래가 어떠했는지는 알지 못하지만, 노랫말은 남아 있어요. 아래 노랫말에 어울리는 곡을 함께 써 볼까요?

*당신의 목소리는 달콤한 석류 술 같아요.
당신의 목소리로 난 삶을 꿈꿔요.
당신을 늘 바라볼 수 있다면,
먹고 마시는 것보다 더 행복할 거예요.*

잠깐 상식! 고대 이집트 사제들은 온몸의 털을 다 뽑았어요. 눈썹까지도요!

*류트: 6~13개의 줄이 있고, 줄이 감기는 부분이 뒤로 꺾여 있는 현악기다.

고대 이집트의 화려한 예술품

고대 이집트의 아름다운 예술품은 장인들의 솜씨예요.

장인들은 그림, 조각, 가구, 장신구를 만들었어요. 이들이 만든 예술품은 오늘날에도 세계에서 유명하지요. 하지만 각각의 예술품을 누가 만들었는지는 알려지지 않았어요. 작품에 이름을 따로 새기지 않았거든요. 스스로 예술가라고 부르지도 않았어요. 당시는 그런 단어가 없었으니까요.

숙련된 화가, 목수, 조각가는 파라오 밑에서 일했어요. 신전과 무덤을 꾸미고, 껴묻거리를 만들었지요. 여럿이 힘을 모아 하나의 작품을 만들기도 했어요. 한 화가가 신전 벽에 밑그림을 그리면, 다른 화가가 색칠하고, 조각가는 그림의 배경을 깎아 내어 입체감을 주었지요.

장인들은 작품을 만들 때, 엄격한 규칙을 지키며 작품에 주술을 불어넣었어요. 그림을 그릴 때는 그림이 사후 세계에서 되살아날 수 있도록 신성한 비율에 맞추어 그렸지요. 전갈 하나를 그려도 독침을 빼고 그릴 만큼 주술을 굳게 믿었답니다.

장인들은 색을 칠한 도기인 파이앙스로 컵, 부적, 동물 조각을 만들곤 했어요.

태양신의 신성한 살로 여겨진 황금은 주로 왕족의 장신구에 썼어요. 터키석과 청금석 같은 보석을 박아 넣기도 했지요.

초기의 왕족은 위처럼 항상 완벽한 모습으로 묘사되었어요. 하지만 아크나톤 때부터 왼쪽처럼 실제 모습을 담게 되었어요.

동물이 사람처럼 행동하는 모습을 담은 만화예요. 파피루스에 그린 이 작품을 보면 고대 이집트 사람들의 익살스러움을 알 수 있어요.

고대 이집트에 전쟁이 일어났어요!

용맹함의 증거

전투에서 가장 용감하게 싸운 병사에게 금파리 메달을 주었어요.

날카로운 무기

고대 이집트 군대는 구리와 청동으로 만든 단검, 창, 초승달 모양의 칼, 그리고 가장 강한 철 도끼를 사용했어요. 신왕국의 최신식 활은 축구장 두 개를 합친 거리까지 쏠 수 있었지요.

강한 무기로 무장한 힉소스 사람들이 쳐들어왔어요.

고대 이집트는 고왕국과 중왕국 때까지만 해도 직업 군인이 없었어요. 나일강 양쪽의 험한 지형이 나라를 보호해 주었으니까요. 사람들은 이웃 나라와 평화롭게 물건을 사고팔면서 향료, 동물 가죽, 값비싼 물건들을 구했지요. 파라오는 외교를 선호했고 어쩔 수 없는 때에만 전쟁에 나섰어요. 힉소스 사람들과의 전쟁이 바로 그랬지요. 힉소스는 고대 이집트어로 '이민족 통치자'를 뜻해요. 이들은 제2중간기 때 고대 이집트를 쳐들어와 하이집트 지역을 점령했어요. 고대 이집트 사람들은 날카로운 칼, 전투용 도끼, 말이 끄는 전차를 갖춘 힉소스 군대의 상대가 되지 못했지요. 힉소스 사람들은 고대 이집트를 100년 넘게 지배하며 약탈을 일삼았어요. 상이집트에서 힉소스에 저항하자 상이집트의 연못에 사는 하마들이 시끄럽다며 시비를 걸기도 했지요. 결국 파라오는 전쟁을 일으켰어요. 이 전쟁에서 승리하며 혼란스러웠던 고대 이집트는 새로운 시대를 맞이했어요. 시간이 흘러 신왕국 때에는 고대 이집트에도 잘 훈련된 군대가 생겼어요. 투트모세 3세와 람세스 2세는 직접 군대를 이끌고서 새 땅을 정복했지요. 군인들에게도 그만큼의 보상이 주어졌어요. 전쟁에 나가 전리품*을 얻었고, 퇴직하면 땅을 받았지요.

*전리품: 전쟁 때에 적에게서 빼앗은 물품.

오른쪽은 사냥 상자라고 불러요. 투탕카멘이 누비아의 병사들과 싸우는 모습이 그려져 있어요.

신의 도움

투탕카멘처럼 전투에 나선 파라오는 영원한 생명을 상징하는 물건을 지니고 다녔을 거예요. 신의 도움을 바라면서요. 오른쪽의 앙크가 바로 그런 물건이지요.

외국인 군대

고대 이집트 사람들은 나라 밖에서 죽어 그곳에 묻히면 사후 세계로 가기 힘들다고 생각했어요. 그래서 대신 싸울 외국인 군인을 구하기도 했어요.

전문가 인터뷰

고대 이집트의 전쟁은 대부분 방어전이었어요. 밖에서 적이 쳐들어오면 싸웠지요. 하지만 기원전 16세기에 힉소스 사람들을 내쫓은 뒤로는 먼저 공격에 나섰어요. 시리아, 레바논, 이라크까지 군대를 보냈지요. 더 이상 적이 침략해 오지 못하도록 말이에요. 그중 람세스 2세가 시리다에서 히타이트와 벌인 전투가 유명해요. 이 전투로 역사상 최초의 평화 조약*이 맺어졌어요. 카르나크 신전 벽에 그 조약이 새겨졌지요.

*조약: 국가 간의 지키기로 한 약속.

잠깐 상식! 고대 이집트 병사들은 적의 보급품*으로 착각하도록 자루 안에 숨어 적의 방어벽을 뚫고 도시를 정복하기도 했어요.

*보급품: 전쟁에 참여하는 군대에 제공되는 식량이나 무기 따위의 물품.

고대 이집트 vs 현재 옷차림과 꾸밈

**고대 이집트 사람들은
3000년 넘게 흰옷을 입었어요.**

고왕국에서 신왕국에 이르기까지 옷 모양이 같았지요. 유행이 지나면 옷차림이 확확 바뀌는 오늘날과는 달랐어요. 균형과 질서를 무엇보다 중요하게 생각했지요. 남들과 다른 튀는 옷차림은 위험할 수 있었어요!
그렇다고 해서 고대 이집트의 스타일이 밋밋하기만 했던 것은 아니에요. 화려한 헤어 스타일, 화장, 장신구를 즐겼거든요. 고대 이집트와 현재의 패션을 머리부터 발끝까지 비교해 볼까요?

고대 이집트 여자들은 아마로 만든 튜닉*을 입었어요. 서늘한 저녁에는 소매를 붙였지요. 남자들은 치마처럼 생긴 옷을 입었고, 아이들은 벌거벗은 채 뛰놀았어요. 무덤 벽화에 그려진 주름진 옷은 지위가 높거나 부유한 사람들이 입었어요.

고대 이집트의 날씨

옷차림과 꾸밈은 날씨의 영향을 받아요. 고대 이집트의 날씨는 대체로 무덥고, 1년 내내 비가 내리지 않아 건조했어요.

*튜닉: 허리 밑까지 일자로 내려오는 헐렁한 옷.

헤어 스타일

우리는 머리에 파마를 하거나 염색을 하기도 해요. 고대 이집트 어른들은 머리를 빡빡 밀거나 짧게 자른 뒤 가발을 썼어요. 아이들은 양옆의 머리만 길게 늘어뜨렸지요.

턱수염

오늘날은 수염을 다양한 스타일로 다듬어요. 고대 이집트에서는 턱수염을 기르지 않았어요. 신만이 턱수염이 있었고, 신과 같은 파라오는 가짜 턱수염을 붙였지요.

화장품

고대 이집트 사람들도 지금처럼 외모와 냄새에 신경을 썼어요. 남녀 모두 눈 화장을 했고, 가발에는 향수를 뿌렸지요. 또 연고를 발라서 피부를 보호했어요.

장신구

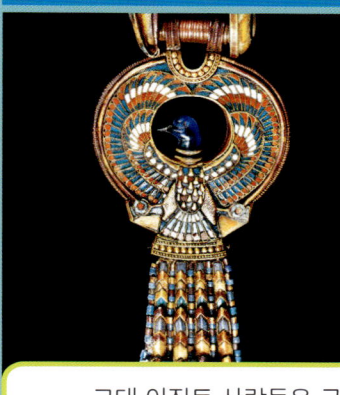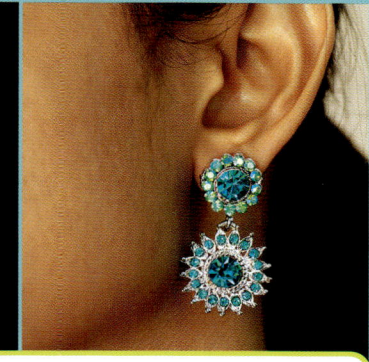

고대 이집트 사람들은 금, 은, 보석으로 만든 다양한 장신구를 착용했어요. 하지만 다이아몬드와 에메랄드는 고대 이집트 유물에서 아직 발견된 적이 없어요.

신발

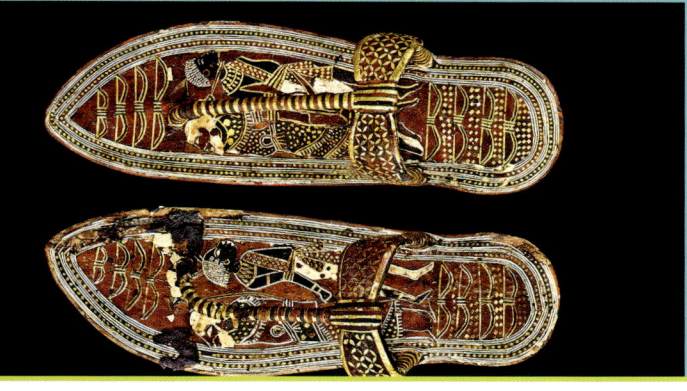

고대 이집트에는 운동화처럼 끈을 묶는 신발이 없었어요. 맨발로 터벅터벅 걷다가 목적지에 다다르면 샌들을 신었지요. 왕족이 신는 샌들의 바닥에는 이집트의 적들이 그려져 있었어요. 걸음을 내딛을 때마다 적을 짓밟는다는 뜻이었지요!

4

재미있는
고대 이집트 정보

배를 타고 나일강을 따라 고대 이집트를
여행하는 모습이에요. 나일강이
범람하는 계절에는 2주 만에 왕국
끝까지 갈 수도 있었어요!

나폴레옹의 이집트 원정군이 발견한 로제타석은 고대 이집트의 그림 문자를 읽는 열쇠가 되어 주었어요. 길이가 1.2미터나 되는 이 비석에는 왕의 명령이 세 가지 언어로 적혀 있지요. 고대 이집트의 그림 문자인 신성 문자, 단순하게 정리한 민중 문자, 고대 그리스어로요.

고대 이집트의 서기가 다리를 포개고 앉아 글을 쓸 준비를 하고 있어요. 서기는 힘든 노동을 하지 않고, 세금을 내지 않아 편한 직업 중 하나였어요.

고대 이집트에도 그림 문자가 있었어요!

700개의 그림 문자를 쓴다면 어떨까요?

기원전 3250년경, 고대 이집트 사람들은 동물과 사물의 모습을 흉내 낸 그림 문자를 만들었어요. 신성 문자(히에로글리프)라고 불렀지요. 최초의 신성 문자는 말하고자 하는 대상을 정확히 그렸어요. '여자'를 말하고 싶으면 여자의 모습을 그렸고, '움직임'을 말하고 싶으면 두 다리를 그렸지요. 그러나 신성 문자로 표현하기 어려운 말이 있었어요. 부러움, 믿음, 용기 같은 말이에요. 그래서 소리를 나타내거나 뜻을 더 정확하게 전달할 수 있는 문자를 추가로 만들었지요.

신성 문자는 로마가 고대 이집트를 점령한 뒤 점점 사라져 갔어요. 5세기 이후에는 신성 문자를 읽을 수 있는 사람이 아무도 없었지요. 한참 뒤인 1822년, 프랑스의 장 프랑수아 샹폴리옹이 신성 문자를 읽는 법을 알아냈어요. 그는 1799년 이집트의 한 마을에서 발견된 로제타석에 적힌 왕의 명령을 읽어 냈지요. 무려 기원전 196년에 적힌 문자를 해독한 거예요!

왕과 왕비의 이름표, 카르투슈

왼쪽처럼 신성 문자로 이름을 적은 뒤, 테두리에 타원형으로 장식을 두른 것을 카르투슈라고 해요. 파라오와 왕비만 사용할 수 있었어요.

신성 문자를 해독해 보아요!

신성 문자는 아름답지만 아주 복잡해요. 서기가 신성 문자를 익히려면 여러 해 동안 전해 내려오는 이야기와 기도문을 베껴 쓰면서 배워야 했지요. 자, 그럼 우리도 신성 문자를 해독해 볼까요? 왼쪽의 문자표를 보고, 위쪽의 그림에 어떤 내용이 담겨 있는지 확인해 보아요. 정답은 아래에 적혀 있어요.

잠깐 상식! 신성 문자에는 모음이 없어요. 그래서 고대 이집트 사람들이 어떻게 발음을 했는지 정확히 알 수 없어요.

정답: Sphinx of black quartz, judge my vow.(검은 석영의 스핑크스, 내 맹세를 심판하소서.)

47

고대 이집트 사람들은 어떤 놀이를 했을까요?

여유로운 사후 세계

람세스 2세의 부인인 네페르타리 왕비의 무덤에 있는 벽화예요. 왕비가 게임을 하고 있어요.

만약 고대 세계에서 살 수 있다면, 이집트로 가요.

다른 고대 국가와 달리, 고대 이집트의 부모는 아이를 소중히 여겼어요. 남자아이와 여자아이를 가리지 않고요. 그래도 우리를 지켜 주는 부적은 꼭 몸에 지녀야 할 거예요. 무시무시한 사자부터 나일강의 기생충까지 온갖 위험에 맞서 보호해 줄 테니까요. 고대 이집트에는 놀잇감도 많았어요! 공, 인형, 물감, 모형 배 같은 장난감은 물론 보드게임도 있었지요. 이뿐인가요? 과일을 따 주는 개코원숭이와 꽁지깃이 근사한 새 후투티 같은 반려동물과 함께 놀 수도 있었답니다.

숫자로 알아보아요!

고대 이집트 아이들은 몇 살에 학교에 갔을까요?
또, 몇 살쯤 결혼했을까요? 평균 수명은 얼마나
되었을까요? 아래의 사실을 확인해 보세요.

5 이집트 아이가 부모를 도와서
일하거나 학교에 들어가는 나이.

14 평균적으로 여자가 결혼하는 나이.
남자는 좀 더 늦게 결혼함.

40 고대 이집트 사람들의 평균 수명.

100 고대 이집트를 가장 오래 다스린
페피 2세의 수명.

움직이는 장난감

게임기나 휴대폰은 없었지만,
고대 이집트 아이들에겐 턱을
딸깍거리고 꼬리를 흔드는 인형이
있었어요.

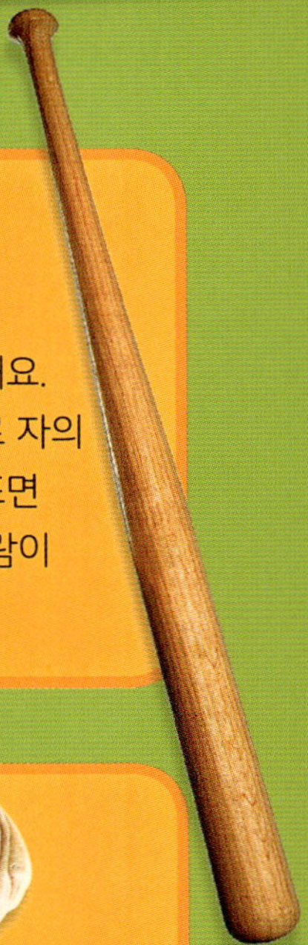

자치기

자치기는 야구의 조상이라고 할 수 있어요. 길이가
약 15센티미터 정도 되는 막대기가 자, 즉 '공' 역할을 해요.
자를 평평한 돌이나 벽돌 위에 올려요. 그런 뒤 방망이로 자의
한쪽 끝을 가볍게 쳐서 공중으로 띄워요. 자가 공중에 뜨면
재빨리 쳐서 멀리 날려요. 가장 멀리 날린 사람이
승리하지요.

줄다리기

고대 이집트 아이들은 레슬링을 하고, 달리기나 수영 시합을
하며 놀았어요. 야자수로 만든 막대기로 가죽 공을 치는 고대
하키도 즐기고, 지금보다 훨씬 격렬한 줄다리기 경기도
벌였지요. 고대의 줄다리기는 우선 밧줄을 쓰지 않아요. 대신
앞사람의 허리나 팔을 잡고서 양쪽으로 줄줄이 늘어서요.
맨 앞에 두 사람이 서로 손을 꽉 쥐면 양쪽에서 뒤로 당기기
시작해요. 상대편 줄이 끊어지거나 가운데 선을 일정한
거리만큼 넘어오면 이기는 거지요.

보드게임

고대 이집트 사람들은 '사냥개와 자칼', '세네트', '메헨' 같은
이름의 보드게임을 했어요. 무덤에서 나온 유물을 보고 당시의
놀이법을 추측할 수 있지요. 사냥개와 자칼은 두 사람이 개와
자칼의 머리가 달린 말을 움직여 게임을 했을 거예요.
파라오가 즐겨 한 세네트는 직사각형 놀이판 위에서 하지요.
오늘날 우리가 즐기는 보드게임과 비슷한 놀이였을 거예요.

잠깐 상식! 고대 이집트 사람들은 부모가 없는 아이들을 입양하여 보살피기도 했어요.

고대 이집트 무덤 속 벽화를 들여다보아요

고대 이집트 벽화 속에는 규칙이 숨어 있어요!

오른쪽 벽화를 자세히 살펴볼까요? 파라오가 제일 크게 그려져 있어요. 사람들은 모두 옆을 바라보고, 자세도 비슷해요. 코가 잘 보이도록 얼굴은 옆모습으로 그리고, 눈은 정면으로 그리는 거지요. 이렇게 그려야 입체물인 사람을 평면에 분명하게 옮겨 그릴 수 있다고 믿었거든요. 무덤 속 벽화는 주술의 의미도 있었어요. 벽화에 나온 주인공이 사후 세계에서 그림에서 나온 모습대로 살아간다고 생각했지요. 만약 화가가 한쪽 발을 그리지 않았다면 영원히 발 한쪽으로 살아야 해요! 주술이 통하게 하려면 이집트의 화가는 정해진 규칙을 잘 지켜야 해요. 그럼, 어떻게 그리는지 한번 살펴볼까요?

A 격자무늬로 비율을 맞추어요

사람은 비율에 맞게 그려야 했어요. 가장 먼저 격자무늬를 그려요. 격자의 한 칸은 그림으로 그릴 사람의 손 너비와 같게 해요. 서 있는 사람을 그릴 경우 발바닥에서 머리끝까지가 18칸이어야 해요. 발바닥에서 무릎까지는 6칸, 발바닥에서 어깨까지는 16칸이 되어야 하지요. 그리고 발 길이는 3칸, 어깨 너비는 6칸에 차도록 그려요.

B 자세가 비슷해요

얼굴은 반드시 옆모습으로 그리지만, 눈은 정면을 보도록 그려요. 어깨와 가슴도 정면으로, 엉덩이는 반쯤 돌려서 그려요. 그리고 팔, 다리, 손, 발은 완전히 다 보이도록 그려요. 양쪽 발의 엄지발가락도 보여야 해요! 고대 이집트 그림에서는 자세가 흐트러진 사람이 거의 없답니다.

C 존경을 드러내요

중요한 사람은 실제 크기로 그려요. 다른 사람은 더 작게 그리고요. 신을 그릴 때만 파라오와 같은 크기로 그려요.

신왕국의 벽화 작업 현장을 그린 그림이에요. 고대 이집트 화가들이 얼마나 비율을 중요하게 생각했는지 보여 주어요.

얼굴을 잘 보이게 그려요

그 어떤 것도 파라오의 얼굴을 가려서는
안 돼요. 파라오의 얼굴 특징이 잘
드러나야 하지요. 그래서 고대 이집트
화가들은 위의 그림처럼 활을 머리 뒤에
그렸어요.

색깔의 의미를 생각해요

남자 피부는 적갈색, 여자 피부는
연노란색으로 칠해요. 하늘과 바다는
하늘색으로 칠하고요. 고대 이집트 사람들은
색마다 의미가 있다고 생각했어요. 녹색은
새 삶을 뜻하고, 빨간색은 혼돈을 뜻하지요.
검은색은 기름진 흙과 저승을 의미해요.

나머지는 마음대로 그려요

이런 규칙에 따라 그려야 하는 것은 사람만이에요. 동물은
원하는 대로 자유롭게 그릴 수 있어요. 벽화 속 다양한 동물을
보면 고대 이집트 사람들이 자연을 사랑했음을 알 수 있지요.

잠깐 상식! 오늘날 피라미드 주변에서 흔히 보이는 낙타는 고대 이집트 무덤 속 벽화에 나오지 않아요.
이집트에 낙타가 소개된 것은 훨씬 뒤인 기원전 670년경이었어요.

고대 이집트에 대한 이야기 사실일까요, 거짓일까요?

고대 이집트에 대해 많이 알았나요? 그럼 실력을 확인해 봐요.

아래에서 어느 것이 사실이고, 어느 것이 거짓일까요?

A 피라미드는 노예들이 건설했다.

B 파라오는 자기 누이와 결혼하기도 했다.

C 파라오가 죽으면 하인들도 함께 무덤에 묻었다.

D 고대 이집트의 유적들은 외계인의 도움을 받아 만든 것이다.

E 나폴레옹이 스핑크스의 코를 부수어서 스핑크스의 코가 납작해졌다.

A 거짓

고대 이집트에서 노예는 고왕국 시대가 끝나고 한참 뒤에야 등장했어요. 피라미드는 농민들이 참여하여 지었지요. 고대 이집트 정부는 피라미드를 짓는 농민과 그 가족을 돌보았어요. 음식, 옷, 집을 주고 다치면 치료도 해 주었지요. 고대 이집트 사람들은 파라오를 위한 '사후 세계의 집'을 짓는 일을 자랑스러워했어요.

B 사실

파라오는 누이나 딸, 가까운 친척을 왕비로 맞이하곤 했어요. 가족끼리 서로 결혼한 신들의 모습을 따르고, 왕족의 권력을 유지하기 위한 전통이었지요. 하지만 이러한 전통이 오래되면서 좋지 않은 결과를 가져오기도 했어요. 유전병에 취약할 수 있었거든요. 서로 남매 사이인 부모에게서 태어난 투탕카멘은 몸이 약했지요.

C 사실

초기 왕조 시대 왕들의 무덤 근처에서 하인들의 뼈가 발굴되었어요. 뼈의 상태를 조사한 결과, 이들은 아주 건강한 상태였지요. 왕이 죽자 독을 먹었을 가능성이 높아요. 하지만 나중에는 사람 대신에 돌이나 나무를 깎아 만든 인형인 우샤브티를 함께 묻었지요.

미국 라스베이거스 사막에 있는 룩소르 호텔은 고대 이집트 피라미드의 모습을 그대로 본떴어요.

D 거짓

고대 이집트에서 큰 석회암 덩어리로 거대한 피라미드를 만들었다는 사실을 믿지 못하는 사람들도 있어요. 당시 고대 이집트에 그럴 만한 도구와 기술이 없었다고 생각하는 거예요. 누군가 외계인이 도왔을 거라고 말하기도 하지요! 진짜 그럴까요? 하지만 피라미드를 연구한 학자들은 고왕국 때 피라미드를 지었던 방식으로 피라미드를 지을 수 있는지 확인하는 여러 실험을 했어요. 그 결과 외계인의 도움 없이 피라미드를 충분히 만들 수 있었답니다. 정말 대단하지요?

세계 곳곳에 남아 있는
고대 이집트의 흔적

고대 이집트의 피라미드와 태양신을 상징하는 거대한 돌기둥인 오벨리스크는 세계 곳곳에서 찾아볼 수 있어요.

러시아 상트페테르부르크에 있는 이집트 다리는 스핑크스가 지키고 있어요.

프랑스 파리의 루브르 박물관에는 유리 피라미드가 있어요.

E 거짓

나폴레옹은 1798년에 이집트 원정을 떠났어요. 이때 스핑크스의 코를 부서뜨렸냐고요? 글쎄요. 스핑크스의 코가 훼손된 이유에 대해서는 여러 가지 주장이 있지만, 그 범인이 나폴레옹일 가능성은 매우 낮아요. 1378년에 종교로 인한 다툼으로 훼손되었다는 주장이 가장 유력하지요.

미국 워싱턴 기념탑은 오벨리스크 모양이에요.

미국의 1달러짜리 지폐 뒷면에는 피라미드가 그려져 있어요.

잠깐 상식! 고양이는 고대 이집트에서 처음으로 반려동물로 기르기 시작했어요. 귀걸이까지 달았답니다!

전문가가 들려주는 뒷이야기

해가 피라미드의 모서리를 따라 지고 있어요!

어느 날, 나는 고대 이집트 유적의 사진을 찍는 일을 맡았어요. 이집트학자인 마크 레너와 함께 이집트 기자로 떠났지요. 기자에는 쿠푸왕, 카프레왕, 멘카우레왕의 피라미드를 포함해 여러 왕비의 피라미드가 있어요. 이 모든 피라미드는 80년 만에 지어졌어요. 그것도 4500년 전에, 날카로운 쇠가 아닌 무른 구리로 만든 도구를 사용해서요.

쿠푸왕의 아들인 카프레왕 피라미드에 갔던 날이었어요. 우리는 피라미드로 가는 길 입구에 있는 스핑크스 앞에 섰지요. 마크는 전에 스핑크스를 복원하다가 있었던 일을 이야기해 주었어요. 그날은 추분*이었고, 마크는 지는 해를 바라보고 있었어요. 그런데 해가 카프레왕 피라미드의 모서리를 따라 서서히 가라앉더래요. 많은 학자들이 이 피라미드를 조사했지만, 태양이 그렇게 움직인다는 걸 알아차린 사람은 그때까지 아무도 없었어요. 해의 움직임을 생각해 피라미드를 만들다니! 고대 이집트 시대에 천문학과 측량 기술이 얼마나 발달했는지 알려 주지요. 마크와 이집트를 다녀온 이후, 나는 다시 한번 추분에 맞추어 그곳에 갔어요. 그리고 이토록 멋진 사진을 찍었답니다!

*추분: 24절기의 하나로 밤과 낮의 길이가 같아지는 날.

추분에 스핑크스를 마주 보고 서면 해가 카프레왕 피라미드의 모서리를 따라 지는 모습을 볼 수 있어요.

고대 이집트 유적이 위험해요!

"너는 이 왕국의 후계자로서 파라오가 될 것이다!"

사막에서 사자를 사냥하다가 지친 젊은 왕자는 잠시 쉴 곳을 찾았어요. 그러다가 스핑크스를 발견했어요. 그는 약 1000년 전쯤에 거대한 암석을 깎아 이 놀라운 유적을 만들었다는 사실을 알고 있었거든요. 하지만 왕자가 발견한 스핑크스의 모습은 지금과 달랐어요. 수백 년을 보내면서 깎이고, 색은 바랬지요. 게다가 몸통은 사막의 모래로 뒤덮였어요.

왕자는 스핑크스 수염 밑으로 들어가 잠이 들었어요. 그런데 어디에선가 태양신의 근엄한 목소리가 들렸어요.

"내 온몸을 덮고 있는 모래를 걷어 내 주면 훗날 너를 왕으로 만들어 주마. 반드시 해야 한다."

목소리가 사라질 무렵 왕자는 잠에서 깨어났어요. 이 이야기의 주인공은 바로 고대 이집트 왕, 투트모세 4세예요. 실제로 카프레 왕 피라미드를 지키는 스핑크스 앞에는 투트모세 4세가 왕이 된 과정을 새긴 비석이 있답니다. 이집트학자들은 투트모세 4세가 스핑크스의 모래를 걷어 내고, 훼손된 스핑크스를 손보았다는 사실을 밝혀냈어요.

그런데 수천 년이 지난 오늘날, 고대 이집트 유적이 수난을 겪고 있어요. 관광객이 몰리면서 심하게 훼손되고, 도시의 오염된 공기와 도시에서 흘러나온 폐수로 유적에 있는 신성 문자나 조각, 벽화 등이 망가지고 있어요. 고대 이집트 역사가 사라지고 있는 거지요. 이집트 정부는 피해가 심각한 유적의 문을 닫고, 신전과 무덤에 물이 스며드는 것을 막을 방법을 찾고 있어요. 이런 피해가 계속된다면 수천 년 전처럼 스핑크스를 다시 모래에 묻어야 할지도 몰라요. 스핑크스를 안전하게 보호하기 위해서요.

유물 관리인이 스핑크스의 상태를 살펴보고 있어요.

고대 이집트 유적을 보호해요!

오늘날 이집트 사람들은 고대 이집트 유적을 지키기 위해 애쓰고 있어요. 2011년, 이집트의 수도 카이로에서 정부에 반발하는 대규모 시위가 벌어졌을 때, 일부 시민들은 서로서로 팔짱을 끼고서 이집트 국립 박물관을 에워쌌어요. 시위로 인하여 경찰 인력이 부족해지자 고대 이집트 유물을 훔치는 일이 잦았기 때문이에요. 한편, 이집트 정부에서도 국가유물최고위원회를 조직하여 오래된 유물을 발굴하고, 보호하고 있답니다. 이러한 노력이 고대 이집트의 유적과 유물을 오랫동안 지켜 낼 수 있기를 기대해 봐요.

오늘날의 이집트 사람이 고대 이집트의
카르나크 신전을 거닐고 있어요.
어떤 생각을 하고 있을까요?

도전! 고대 이집트 박사
퀴즈를 풀며 용어를 익혀요

고대 이집트에서 지위가 높은 사람들은
화려한 벽화가 있는 무덤에 묻혔어요.
아멘호테프 2세 시절에 테베의
시장이었던 센네페르의 무덤이에요.

여러분의 고대 이집트 지식을 확인할 시간! 다음 용어의 뜻을 잘 읽고, 표시된 페이지로 가서 쓰임을 확인하세요. 이어지는 퀴즈까지 맞혔다면, 여러분을 고대 이집트 박사로 인정합니다!

1. 껴묻거리

장사 지낼 때, 시체와 함께 묻는 물건을 통틀어 이르는 말 (29, 39쪽)

다음 중 파라오의 묘실에 들어 있던 것은 무엇인가요?

a. 배
b. 보드게임
c. 육포 미라
d. 모두 다

2. 로제타석

1799년에 나폴레옹의 이집트 원정군이 이집트의 한 마을에서 발견한 비석 (46, 47쪽)

로제타석에 적혀 있던 내용은 무엇인가요?

a. 왕의 명령
b. 신들의 이름
c. 농사짓는 기술
d. 벽화 그리는 법

3. 미라

영원한 삶을 위해 죽은 사람의 몸을 보존 처리한 것 (22, 23쪽)

죽은 이의 영혼이 사는 곳은 어디인가요?

a. 죽은 사람의 미라
b. 죽은 사람의 조각상
c. 죽은 사람의 그림 속
d. 모두 다

4. 범람

큰물이 흘러넘치는 것. 고대 이집트에서는 해마다 나일강의 물이 불어나 넘침 (10, 11쪽)

나일강이 범람했다가 물이 빠진 밭에 심은 작물은 무엇인가요?

a. 벼
b. 밀
c. 목화
d. 보리

5. 사제

신전에서 신을 모시는 사람 (16, 22, 35, 36쪽)

고대 이집트 사회에서 사제가 한 일은 무엇인가요?

a. 신전에서 신성한 동물을 길렀다.
b. 주술로 환자를 치료했다.
c. 미라가 만들어지는 과정을 감독했다.
d. 모두 다

6. 신성 문자

고대 이집트의 그림 문자 (46, 47쪽)

신성 문자를 쓸 수 있는 서기가 누린 특권은 무엇인가요?

a. 세금을 내지 않았다.
b. 학교에 갈 필요가 없었다.
c. 아무 일도 하지 않았다.
d. 모두 다

7. 우샤브티

고대 이집트에서 죽은 사람을 묻을 때 함께 넣은 미라 모양의 작은 인형 (25, 30, 52쪽)

고대 이집트에서 죽은 사람의 무덤에 우샤브티를 넣은 이유는 무엇인가요?

a. 사후 세계에서 놀잇감으로 쓰라고
b. 사후 세계에서 노동을 대신 해 주기 위해서
c. 죽은 사람의 영혼이 자기를 알아보게 하려고
d. 모두 다

8. 이집트학자

고대 이집트 문화를 연구하는 역사가 (7, 28쪽)

이집트학자 하워드 카터가 발굴한 유적은 무엇인가요?

a. 왕가의 계곡
b. 왕비들의 골짜기
c. 쿠푸왕의 피라미드
d. 투탕카멘의 무덤

9. 파라오

고대 이집트를 다스리던 왕. 고대 이집트 사람들은 파라오를 신으로 섬김 (14, 15, 27쪽)

파라오에 대한 설명으로 알맞은 것은 무엇인가요?

a. 파라오는 전쟁에 나가지 않았다.
b. 모든 파라오는 사후 세계로 갈 수 있었다.
c. 왕가의 계곡에는 파라오들의 무덤이 모여 있다.
d. 모두 다

10. 파피루스

나일강 주변에 자라는 풀인 파피루스로 만든 종이 (11, 13, 39쪽)

고대 이집트 사람들이 파피루스 외에 글을 쓴 곳은 어디인가요?

a. 무덤 벽
b. 비석
c. 도기 조각
d. 모두 다

찾아보기

사진 저작권

지은이 크리스핀 보이어

역사와 과학, 자연, 동물에 대한 글을 쓴다. 『왜 안 돼?: 모든 것에 대한 1,111가지 답(Why Not?: Over 1,111 Answers to Everything)』, 「위대한 제우스(Zeus the Mighty)」 시리즈 등 다양한 어린이책을 썼다. 「내셔널지오그래픽 키즈(National Geographic Kids)」에 연재한 기사로 에디상을 받았고, 『이거 아님 저거?: 숨겨진 나를 알아보는 별난 선택(This or That?: The Wacky Book of Choices to Reveal the Hidden You)』은 미국 도서관 협회 추천도서에 선정되었다.

지은이 제임스 앨런

이집트학자로 미국 브라운대학교 교수이다. 미국 메트로폴리탄 미술관 이집트관의 큐레이터로 일했으며, 국제 이집트학 협회의 회장을 맡았다. 고대 이집트의 신성 문자, 역사와 문학, 종교 등을 연구한다.

옮긴이 이한음

서울대학교에서 생물학을 공부하고 과학 전문 번역가로 활동하고 있다. 지은 책으로 『바스커빌 가의 개와 추리 좀 하는 친구들』, 『생명의 마법사 유전자』 등이 있고, 옮긴 책으로 『다윈의 진화 실험실』, 『북극곰과 친구 되기』, 『인간 본성에 대하여』, 『DNA : 생명의 비밀』, 『조상 이야기』 등이 있다.

감수 유성환

부산대학교 영문학과, 한국외국어대학교 통역번역대학원을 졸업하고 미국 브라운대학교에서 이집트학 박사 학위를 받았다. 연세대학교, 건국대학교, 국립중앙박물관, 예술의전당 등에서 고대 이집트의 역사, 문화, 종교 등에 대한 다양한 강의를 진행했다. 현재 서울대학교 아시아언어문명학부 및 종교학과에서 강의하고 있으며, 동대학 인문학연구원 선임연구원으로 활동 중이다. 감수한 책으로 「교양으로 읽는 용선생 세계사」 시리즈, 『유물 통통 키워드 세계사』 등이 있다.

1판 1쇄 펴냄 - 2022년 8월 19일, 1판 2쇄 펴냄 - 2025년 7월 14일

지은이 크리스핀 보이어, 제임스 앨런 **옮긴이** 이한음 **감수** 유성환 **펴낸이** 박상희 **편집장** 전지선 **편집** 오혜환, 이정선, 김다슬 **디자인** 천지연, 신현수, 시다현 **펴낸곳** (주)비룡소 **출판등록** 1994. 3. 17.(제16-849호) **주소** 06027 서울시 강남구 도산대로1길 62 강남출판문화센터 4층 **홈페이지** www.bir.co.kr **전화** 02)515-2000 **팩스** 02)515-2007 **제품명** 어린이용 각양장 도서 **제조자명** (주)비룡소 **제조국명** 대한민국 **사용연령** 3세 이상

NATIONAL GEOGRAPHIC KIDS EVERYTHING : ANCIENT EGYPT

ISBN 978-89-491-3226-6 74400 / ISBN 978-89-491-3210-5 (세트)